EINE EINFACHE UND KURZE ANLEITUNG ZU PYTHON FÜR ANFÄNGER

2

Inhalt

3

Nach vorne

Womit beginnt die Python-Programmierung?

Python ist eine dynamische, durch Bytecode kompilierte und interpretierte Sprache. Variablen-, Parameter-, Funktions- und Methodentypen werden im Quellcode nicht deklariert. Sie opfern die Typüberprüfung des Quellcodes zur Kompilierungszeit, erhalten aber dadurch kurzen, flexiblen Code.

Was ist Programmieren in Python?

Hochentwickelte Programmiersprachen wie Python werden in der allgemeinen Softwareentwicklung verwendet. Es verarbeitet die Logik hinter den Eingaben von Benutzern, kommuniziert mit Datenbanken und zusätzlichen Servern usw., da es sich um eine serverseitige Sprache handelt, was bedeutet, dass sie auf dem Server ausgeführt wird.

Neben anderen serverseitigen Sprachen wie Java und C gibt es Python bereits seit seiner ersten Entwicklung Ende der 1980er Jahre durch Guido Van Rossum. Um Python einfacher zu verstehen und zu schreiben als verschiedene andere Programmiersprachen, orientierte sich Van Rossum an der englischen Sprache und entfernte überflüssige Syntax.

Python ist eine Open-Source-Sprache, die in den letzten Jahren aufgrund ihrer Anwendung in der Datenwissenschaft an Popularität gewonnen hat. Darüber hinaus wurden zahlreiche Tools und Module speziell für maschinelles

Lernen, statistische Datenanalyse und künstliche Intelligenz (KI) in Python erstellt.

Geschichte von Python

Beliebte High-Level-Allzweck-Programmiersprache Python. Es wurde zuerst von Guido van Rossum, dann von der Python Software Foundation entwickelt. Dank der Betonung der Lesbarkeit des Codes können Programmierer Ideen mithilfe der Syntax und weniger Codezeilen vermitteln.

Es sollte Ende der 1980er Jahre sein, als Geschichte geschrieben wurde. Zu diesem Zeitpunkt begann die Python-Entwicklung. Guido Van Rossum begann kurz darauf im Dezember 1989 im niederländischen Centre for Wiskunde and Informatics (CWI) mit der Arbeit an anwendungsbasierten Projekten. Er startete es zunächst als Hobbyprojekt, da er nach etwas

Unterhaltsamem für die Ferien suchte . Die ABC-Programmiersprache, deren Überlegenheit Python zugeschrieben wird, umfasste die Ausnahmebehandlung und interagierte mit dem Amoeba-Betriebssystem. Zu Beginn seiner Karriere hatte er beim Aufbau von ABC mitgewirkt. Obwohl er bestimmte Probleme mit ABC gesehen hatte, gefielen ihm im Allgemeinen die Funktionen. Die nächste Maßnahme, die er ergriff, war wirklich ziemlich klug. Er hatte einige der nützlichen Elemente und die Syntax von ABC einbezogen. Er ging diese Probleme umfassend an und entwickelte eine leistungsstarke Skriptsprache, die aufgrund des erhaltenen Feedbacks fehlerfrei war. Er nannte es Python, weil er ein großer Fan der BBC-

Fernsehsendung „Monty Python's Flying Circus" war und einen einprägsamen, einprägsamen und irgendwie faszinierenden Namen für seine Erfindung wollte. Bis zu seinem Rücktritt als Staatschef am 12. Juli 2018 präsidierte er als „Gütiger Diktator auf Lebenszeit" (BDFL). Früher hat er eine Zeit lang für Google gearbeitet, jetzt arbeitet er für Dropbox.

Warum sollte man damals Python studieren?

1. Python ist sehr flexibel und hat viele Anwendungen.

Data Mining, Data Engineering, maschinelles Lernen, KI, Webentwicklung, Internet-Frameworks, eingebettete Systeme, Illustrationsprogramme, Spiele, Netzwerkentwicklung, Produktentwicklung, schnelle Entwicklung von Anwendungen, Tests, Automatisierungsskripting und vieles mehr sind nur einige der beliebtesten Anwendungen für Python.

Python wird als einfacherer und effektiver geschriebener Ersatz für Sprachen wie C, R und Java verwendet, die identische Funktionen ausführen. Infolgedessen wird Python für viele

Anwendungen zunehmend als primärer Dialekt verwendet.

Maschinelles Lernen und Data Mining nutzen Python.

R war schon immer die Programmiersprache der Wahl für Datenwissenschaftler. Python erfreut sich in der Datenwissenschaft immer größerer Beliebtheit, insbesondere bei Mitarbeitern ohne formale Kenntnisse in Statistik oder Mathematik. Python-Code gilt als einfacher zu warten und skalierbarer als R.

In den letzten Jahren wurden viele Python-Pakete für maschinelles Lernen und Datenanalyse erstellt. Dazu gehören Pyspark, eine API für die Interaktion mit Spark, ein Framework für die schnelle Arbeit mit großen Datenmengen, Tensor

Flow, der zum Schreiben von Algorithmen für maschinelles Lernen verwendet wird, sowie Jumpy und Pandas, die es Benutzern ermöglichen, Daten zu verstehen und zu ändern.

Befolgen Sie diese Anweisungen, um Python auf Ihrem Computer zu installieren und auszuführen.

- Holen Sie sich jetzt Thonny IDE.
- Um Thonny auf Ihrem PC einzurichten, starten Sie das Installationsprogramm.
- Navigieren Sie zu Datei > Neu. Geben Sie der Datei nach dem Speichern die Erweiterung.py.
- Hello.py, example.py usw. als Beispiele.
- Die Datei kann einen beliebigen Namen haben. Der Dateiname sollte jedoch auf.py enden.
- Erstellen Sie eine Datei, fügen Sie Python-Code hinzu und speichern Sie ihn.

- Wählen Sie als Nächstes „Ausführen" > „Aktuelles Skript ausführen" oder drücken Sie einfach F5, um es zu starten.

Installieren Sie Python alleine

o Hier finden Sie eine Anleitung zur Installation und Ausführung von Python auf Ihrem PC, wenn Sie Thonny nicht verwenden möchten.

o Laden Sie die neueste Version von Python herunter.

o Führen Sie die Installationsdatei aus und befolgen Sie die Anweisungen zum Einrichten von Python.

o Überprüfen Sie den Installationsvorgang. Fügen Sie Python zu Umgebungsvariablen hinzu. Anschließend wird Python zu den Umgebungsvariablen hinzugefügt, sodass die Ausführung von jedem Ort auf dem Computer aus möglich ist.

o Sie können auch den Speicherort der Python-Installation auswählen.

Was sind die zugrunde liegenden Prinzipien von Python?

Die Syntax von Python ist unkompliziert und ähnelt der des Englischen. Die Syntax von Python unterscheidet es von vielen anderen Programmiersprachen, da sie es Programmierern ermöglicht, Anwendungen mit weniger Code zu erstellen. Das Übersetzungssystem von Python ermöglicht die sofortige Ausführung geschriebenen Codes.

Python-Grundlagen

Mit unseren anfängerfreundlichen Lektionen können Sie Ihre Python-Karriere beginnen.

Auf dieser Seite finden Sie wichtige Ideen für Python-Neulinge, die Ihnen den Einstieg in die Verwendung der Sprache erleichtern. Diese Kurse sollen Ihnen die Grundlagen von Python vermitteln.

Was sind Variablen in Python, mit einem Beispiel?

Daten werden in Variablen gespeichert, die abhängig von der Art des Werts, den wir ihnen geben, Speicherplatz benötigen. Es ist einfach, Variablen in Python zu erstellen. Geben Sie einfach den Variablennamen auf die linke Seite des Gleichheitszeichens (=) und den Wert auf die rechte Seite ein, wie unten gezeigt. Was sind die vier verschiedenen Arten von Variablen in Python?

o   Pythons   numerische Variablenstile.

o   Textformat.

o   (Python-Liste, Python-Tupel,

o   oder   Python-Bereich) Sequenztyp

o   Boolescher   Wert.   Satz. Wörterbuch.

Was bedeutet ein Python-Datentyp?

Verwenden der Datentypen von Python | 6 gängige Python-Datentypen

o Wissensobjekte   werden mithilfe   von   Datenarten kategorisiert   oder klassifiziert.

o Numerisch,   Zeichenfolge, Liste,

- o Tupel, Set und Wörterbuch sind die sechs häufigsten Datentypen in Python.
- o Wie stellt man in Python den Datentyp bereit?

Datentypen in Funktionen: Spezifizieren

Den Eingabeparametern a und b, die den Integer-Typ angeben, folgt der Zusatz:. Dies impliziert, dass die Parameter der Funktion und b vom Typ Integer sein sollten. Beachten Sie außerdem das -> int, das auf die Eingabeparameter folgt.
Welche Datentypen gibt es in Python?
Die folgende Liste integrierter Datentypen für Python wird in diesem Tutorial behandelt: Ganzzahl, Gleitkommazahl und

komplexe Zahlen. str ist eine Zeichenfolge. Reihenfolge: Bereich, Tupel und Liste.

Was machen Python-Operatoren?

Pythons Operatoren und Ausdrücke – Echtes Python

Operatoren in Python sind spezielle Symbole, die angeben, dass eine bestimmte Art von Berechnung ausgeführt werden soll. Operanden sind die Werte, die ein Operator manipuliert. Hier ist eine Veranschaulichung: >>> >>> a = 10 >>> b = 20 >>> a + b 30. In diesem Fall werden die Operanden a und b über den Operator + addiert.

Was bewirken die acht Operatoren von Python?

.

- Operatoren in Python
- Operatoren in der Mathematik.
- Operatoren für Zuweisungen.
- Operatoren zum Vergleich.
- Operatoren der Logik.
- Betreiberidentitäten.
- Betreiber von Mitgliedschaften.
- Operatoren für Bits

Was macht eine Python-Anweisungsvariable?

Variablen in Python – Das echte Python

In Python ist eine Variable ein symbolischer Name, der auf ein Objekt verweist oder darauf zeigt. Nachdem eine Variable einem Objekt zugewiesen wurde, kann sie weiterhin zum Verweisen auf dieses Objekt verwendet werden. Die Informationen sind jedoch immer noch auf dem Artikel vorhanden. Beispiel: n = 300.

Was sind die drei Anweisungen in Python?

Drucknachrichten, Zuweisungszusicherungen, Bedingungen und Schleifenanweisungen sind die vier Unterkategorien von Anweisungen in Python. Die Verwendung von print plus Zuweisungsanweisungen ist üblich.

Wie werden Anweisungen in Python ausgeführt?

Jede der Anweisungen wird einzeln in aufsteigender Reihenfolge ausgeführt. Funktionsdeklarationen haben keinen Einfluss auf die Reihenfolge, in der ein Programm ausgeführt wird. Sie sollten sich jedoch darüber im Klaren sein, dass Anweisungen in einer Funktion erst ausgeführt werden, wenn die Funktion aufgerufen wird. Der Ausführungsprozess wird durch Funktionsaufrufe unterbrochen.

Was machen Python-Funktionen?

Das vorherige, dem ein Codeabschnitt folgt, ist ein Codeabschnitt, der nur ausgeführt wird, wenn er aufgerufen wird. Sie können einer Funktion Parameter – Daten – bereitstellen. Infolgedessen kann eine Funktion Daten zurückgeben.

Was sind die vier verschiedenen Arten von Funktionen in Python?

- o Python-Funktions-Tutorial: Verschiedene Arten von Python-Funktionen (mit ...
- o Darüber hinaus werden wir die vielen Arten von Funktionen in Python untersuchen, einschließlich integrierter, rekursiver,
- o Lambda und benutzerdefinierte Funktionen,
- o Zusammen mit ihrer Syntax und Beispielen.

Was bewirken die bedingten Anweisungen von Python?

Beispiele für If-Anweisungen in Python: So verwenden Sie bedingte ...

Die Grundbausteine der Programmierung sind bedingte Anweisungen (if, else und elif), mit denen Sie den Ablauf Ihres Programms als Reaktion auf bestimmte Situationen steuern können. Sie bieten Ihrer Software die Möglichkeit, Entscheidungen zu treffen und als Reaktion auf diese Entscheidungen verschiedene Codeteile auszuführen.

Unterstützt Python alle vier Formen bedingter Anweisungen?

Bedingte Anweisungen in Python: Elif, If_else und verschachtelte Anweisung If

Die Ausführung unseres Programms wird durch viele Arten von bedingten Anweisungen gesteuert, darunter if, if-else, elif, verschachteltes if und verschachtelte if-else-Ausdrücke.

Was ist ein Beispiel für eine bedingte Anweisung?

Beispiel: Es liegt eine bedingte Anweisung vor. Bei Regen können wir nicht spielen. Nehmen wir an: A: Es regnet und B: Wir werden nicht spielen. Wenn A wahr ist – das heißt, wenn es regnet – und B falsch ist – das heißt, wenn wir gespielt haben – dann impliziert A, dass B unwahr ist.

Was macht eine Python-Schleife?

Unter Schleifen versteht man den Vorgang, bei dem etwas wiederholt ausgeführt wird, bis eine bestimmte Bedingung erfüllt ist. Solange die Bedingung erfüllt ist, ist eine for-Schleife in Py ein Ausdruck des

Kontrollflusses, der zur kontinuierlichen Ausführung einer Reihe von Anweisungen verwendet wird.

Wie ist die Python for-Schleife geschrieben?

In Pythons grundlegender for-Loop-Syntax wird die Iteration durch den Buchstaben i dargestellt. Es kann beliebig geändert werden.

Alle Unverwechselbarkeiten, einschließlich Listen, Tupeln, Zeichenfolgen und Wörterbüchern, werden als Daten bezeichnet.

Als nächstes müssen Sie einen Doppelpunkt eingeben, gefolgt von einem Einzug. Hierzu können Sie die Tabulatortaste verwenden oder viermal die Leertaste drücken.

Welche drei verschiedenen Formen von Schleifen gibt es in Python?

Es ermöglicht Programmierern, den Programmablauf so zu ändern, dass sie den Code möglicherweise nur eine begrenzte Anzahl von Malen wiederholen, anstatt denselben Code noch einmal zu wiederholen. For-Schleifen, While-Schleifen und verschachtelte Schleifen sind die drei Hauptformen von Schleifen, die in Python verfügbar sind.

- **Listen**

Sind eine Sammlung unveränderlicher, veränderlicher und geordneter Daten und gehören zu den am häufigsten verwendeten Datenstrukturen, die Python anbietet. Sie könnten redundante Daten enthalten.

- **Tupel**

Listen und Vielfache sind vergleichbar. Ähnlich wie Listen umfasst diese Sammlung iterierbare, sortierte und (möglicherweise) sich wiederholende Daten. Im Gegensatz zu Listen sind Tupel jedoch unveränderlich.

- **Satz**

Set ist eine andere Art von Datenstruktur, die eine Sammlung iterierbarer, modifizierbarer und ungeordneter Daten speichert. Aber es hat lediglich charakteristische Komponenten.

Wörterbuch

Im Gegensatz zu allen anderen Sammlungstypen enthalten

Wörterbuchsammlungen nur Schlüssel-Wert-Paare.

ist eine Sammlung unsortierter Daten in Python Version 3.7.
In Python v3.1 wurde eine neue Form eines Wörterbuchs mit dem Namen „OrderedDict" eingeführt, das mit dem Python-Wörterbuch vergleichbar war, sich jedoch dadurch unterschied, dass es geordnet war (wie der Name schon sagt).
Mit Python 3.7, der neuesten Version, können Sie: Schließlich ist das Wörterbuch jetzt eine organisierte Sammlung von Schlüssel-Wert-Paaren in Python 3.7. Nachdem sie nun eingegeben wurden, ist sichergestellt, dass die Reihenfolge in dieser Reihenfolge vorliegt.

Was bedeuten Instanzen, Klassen und Objekte?

Eine besondere Art von Blaupause, die Sie zum Erstellen von Dingen verwenden können, ist eine Klasse. Ein Objekt, das eine Instanz einer Klasse ist, ist ein greifbares „Ding", das Sie mithilfe einer bestimmten Klasse erstellt haben. Auf die Verbindung zwischen einem Objekt und seiner Klasse bezieht sich das Wort „Instanz", auch wenn die Begriffe „Objekt" und „Instanz" äquivalent sind.

Was bedeuten Klasse und Instanz in OOP?

Ein aus einer Klasse gebildetes Element wird als Instanz bezeichnet. Der aktuelle Zustand der Instanz wird durch die auf ihr ausgeführten Operationen bestimmt, während die Klasse die Struktur (Verhalten und Informationen) der Instanz angibt.

Übersicht über Python-Module

Tatsächlich verfügt Python über drei alternative Methoden zum Definieren von Modulen:

Python selbst kann zum Erstellen von Modulen verwendet werden.

- Ein Modul, ähnlich dem res-Modul (regulärer Ausdruck),
- Kann in C erstellt und zur Laufzeit flexibel geladen werden.
- Wie das itertools-Modul ist im Interpreter von Natur aus ein integriertes Modul vorhanden.

Die Importanweisung wird in jedem der drei Szenarios verwendet, um auf den Inhalt eines Moduls zuzugreifen.

Dabei werden vor allem Python-Module thematisiert. Das Wunderbare an Python-Modulen ist, dass sie recht einfach zu erstellen sind. Sie müssen lediglich eine Datei mit authentischem Python-Code erstellen und ihr einen Namen geben, der auf.py endet. Ich bin jetzt fertig! Es ist kein Voodoo oder eine bestimmte Syntax erforderlich.

Nehmen wir zum Beispiel an, Sie haben den folgenden Code in eine Datei namens mod.py geschrieben:

mod.py

Wenn Genosse Napoleon das sagt, muss es wahr sein, sagt s.
a = [100, 200, 300]

Definiert in der Funktion foo(arg):
print(f'arg = 'arg')

Bestehen Sie für die Klasse Foo

Entwickeln Sie ein Modul
Platzieren Sie einfach den gewünschten Code in einer Datei mit der Dateierweiterung.py, um ein Modul zu erstellen.

Beispiel: Kauf eines Python-Servers. Fügen Sie diesen Code in eine Datei namens mymodule.py ein und speichern Sie ihn.

def Anrede (Name):
print("Hallo," Name," "")

Wenden Sie ein Modul an

Jetzt können wir über die Importzeile das Modul verwenden, das wir gerade erstellt haben:

Beispiel
Rufen Sie die Willkommensfunktion auf und importieren Sie das Modul „Mein Modul":

Rufe mein Modul auf

```
mymodule.greeting("Jonathan")
```

Wie erstelle ich ein Python-Modulpaket?

Platzieren Sie einfach den gewünschten Code in einer Datei mit der Dateierweiterung.py, um ein Modul zu erstellen.
Beispiel: Kauf eines Python-Servers.

Rufen Sie die Willkommensfunktion auf und importieren Sie das Modul. Dieser Code sollte in der Datei mymodule.py gespeichert werden. Greifen Sie auf das Wörterbuch person1 zu und importieren Sie das Modul my module:

Python-Eingabe und -Ausgabe

So erhalten Sie Benutzereingaben in Python Gelegentlich möchte ein Programmierer an einem bestimmten Punkt des Programms Benutzereingaben erhalten. Python verfügt dazu über die Methode input().

Syntax :

Wobei „reminder" eine optionale Zeile ist, die in der Zeichenfolge angezeigt wird, während die Eingabe akzeptiert wird.

Beispiel 2: Eingabe des Benutzers als Ganzzahl in Python # num = int(input("Geben Sie eine Zahl ein: "))

= num + 1 + add

Erstellt von print(add)

Ausgabe :

Geben Sie hier eine Zahl ein: 25 26 So akzeptieren Sie mehrere Eingaben in Python: Die Funktion „map()" in Python ermöglicht es uns, mehrere Eingaben desselben Datentyps gleichzeitig zu akzeptieren.

A, B und C sind gleich map(int,
"Enter the Numbers:").print(split())
"The Numbers are: ",end = "
schreibe (a, b, c)
Ausgang:

Geben Sie zur Eingabe 2 3 4 ein
Die Ziffern sind: 2, 3 und 4.

Was bedeutet Fehlerverwaltung in Python?

Wörterbuch für Python. Mit dem Try-Block können Sie einen Codeblock auf Fehler überprüfen. Zur Behebung des Fehlers kann der „esless"-Block verwendet werden. Sie können weiterhin Code mithilfe des „final"-Blocks ausführen, unabhängig von den Ergebnissen der „try"- und „exclusive"-Blöcke. Wie sollten Python-Fehler richtig behandelt werden?

Bessere Python-Fehlerbehandlung: 7 Tipps

- Explizit ist besser als implizit. Die folgenden Klauseln gelten für Pythons Ausnahmen: Verschachtelung wird nicht bevorzugt als flach.

- Machen Sie besondere Ausschlüsse.
- Halten Sie die Breite Ihres Try/Except-Blocks klein.
- Nutzen Sie sie in der Praxis.
- viel Protokollierung.
- (Ferneinstellungen) Nutzen Sie Tools

Vorteile von Python

- Großzügige Bibliotheken
- Python verfügt über eine umfangreiche Bibliothek, die heruntergeladen werden kann, und über Code für eine Vielzahl von Dingen, etwa reguläre Ausdrücke, Datenbanken, CGI, E-Mail, Bildverarbeitung und mehr. Es kann auch Dokumentation

generieren, Unit-Tests ausführen, Webbrowser ausführen und Code Threads erstellen.

- Daher müssen wir nicht den gesamten Code manuell schreiben.

- Flexibel
- Andere Sprachen können zu Python hinzugefügt werden. Ein Teil Ihres Codes kann beispielsweise in C++ oder C geschrieben sein.

- Dies ist insbesondere für Projekte nützlich.

- Eingebettet
- Python verfügt außerdem über die Einbettungsfunktion, die die Erweiterbarkeit

ergänzt. Python-Code kann in den Quellcode einer anderen Sprache, beispielsweise C++, eingefügt werden.

- Dadurch können wir unserem anderen Sprachcode Skriptfunktionen hinzufügen.

- Erhöhte Produktivität
- Aufgrund der Einfachheit der Sprache und der großen Bibliothek sind Programmierer produktiver als mit Sprachen wie Java und C++.

- Darüber hinaus sollten Sie weniger schreiben und mehr Dinge tun.

- 5. IOT-Möglichkeiten

- Python glaubt, dass das Internet der Dinge eine glänzende Zukunft hat, da es als Grundlage für hochmoderne Plattformen wie Raspberry Pi dient.

- Dies trägt dazu bei, die Sprache mit der Außenwelt zu verbinden.

- 6. Einfach und unkompliziert
- Möglicherweise müssen Sie in Java eine Klasse erstellen, um „Hello World" zu drucken. Aber alles, was Sie mit Python brauchen, ist eine print-Anweisung.

- Darüber hinaus ist es recht einfach zu erlernen, zu verstehen und zu programmieren.

- 7. Zugänglich
- Das Lesen von Python ähnelt dem Lesen von Englisch, da es sich nicht um eine sehr ausführliche Sprache handelt. Dies erklärt, warum Lernen, Verstehen und Codieren so einfach sind.

- Blockdefinitionen können ohne geschweifte Klammern erstellt werden und Einrückungen sind erforderlich. Dadurch wird die Lesbarkeit des Codes deutlich verbessert.

- 8. Objektorientierung
- Sowohl das prozedurale als auch das objektorientierte Programmierparadigma

werden von dieser Sprache unterstützt.

- Klassen und Objekte ermöglichen es uns, die tatsächliche Welt zu simulieren, während Funktionen uns bei der Wiederverwendung von Code unterstützen.

Nachteil. Python

- Die Geschwindigkeit von Python ist langsamer als die von Java oder C, was einen Nachteil darstellt. Python ist eine interpretierende, dynamisch typisierte Sprache. Da die Sprache während der Codeausführung interpretiert wird, muss jede Zeile des Codes explizit angeordnet werden. Der Ausführungsvorgang wird dadurch verlangsamt, da er viel Zeit in Anspruch nimmt. Die dynamische Struktur von Python verlangsamt zusätzlich die Leistung, da beim Ausführen des Codes zusätzliche Arbeit geleistet werden muss. Python wird so selten in Situationen eingesetzt, in denen eine schnelle Beschleunigung erforderlich ist.

- Python hat eine sehr hohe Speichernutzungsrate. Dadurch können unterschiedliche Datenarten berücksichtigt werden. Der Speicher wird stark beansprucht. Für speicherintensive Aktivitäten ist Python keine geeignete Option, wenn der Benutzer die Speichernutzung optimieren möchte.

- Python ist eine großartige serverseitige Programmiersprache, da sie auf Desktop- und Serverplattformen gut funktioniert, was für die mobile Entwicklung wichtig ist. Es ist jedoch nicht für die mobile Entwicklung geeignet. Python ist eine anfällige Sprache, wenn es für die mobile Entwicklung verwendet wird. Aufgrund der Tatsache, dass es viel Speicher verbraucht und eine langsame Verarbeitungsgeschwindigkeit hat, verfügt Python nicht über viele native mobile Apps. Python verfügt über ein integriertes Programm namens Carbuncle.

- Der Zugriff auf Datenbanken wird durch Python-Programmierung vereinfacht. Bei der Kommunikation mit der Datenbank treten jedoch verschiedene Probleme auf. Die Datenbankzugriffsschicht der Programmiersprache Python ist im Vergleich zu relativ bekannten Technologien wie JDBC und ODBC einfach und unausgereift. Große Unternehmen lehnen den Einsatz von Python oft ab, wenn sie eine einfache Interaktion mit komplizierten historischen Daten benötigen.

- Laufzeitfehler: Python-Benutzer haben eine Reihe von Problemen mit der Struktur der Sprache festgestellt. Der Datentyp einer Variablen kann sich jederzeit ändern, da Python eine dynamisch typisierte Sprache ist. Dadurch sind zusätzliche Tests erforderlich und es liegen auch Laufzeitfehler in der Sprache vor.

- Python ist eine klare und benutzerfreundliche Programmiersprache, was auch einer ihrer Nachteile ist. Python-Benutzer haben Schwierigkeiten, andere Programmiersprachen zu erlernen, da sie sich mit der einfachen Syntax und der großen Auswahl an

Funktionen wohlfühlen. Aufgrund ihrer Komplexität glauben einige Benutzer, dass die Java-Programme unnötig sind. Aus diesem Grund ist Python sehr anfällig und Benutzer beginnen, Dinge als selbstverständlich zu betrachten.

www.ingramcontent.com/pod-product-compliance
Lightning Source LLC
Chambersburg PA
CBHW071127260726
48661CB00006B/2707